BEI GRIN MACHT SICH IHR WISSEN BEZAHLT

AF143675

- Wir veröffentlichen Ihre Hausarbeit, Bachelor- und Masterarbeit

- Ihr eigenes eBook und Buch - weltweit in allen wichtigen Shops

- Verdienen Sie an jedem Verkauf

Jetzt bei www.GRIN.com hochladen und kostenlos publizieren

Michelle Pro

Arbeitsmarktreform 2012 - Die neuen Regelungen für das Jobcenter

GRIN Verlag

Bibliografische Information der Deutschen Nationalbibliothek:

Die Deutsche Bibliothek verzeichnet diese Publikation in der Deutschen National-
bibliografie; detaillierte bibliografische Daten sind im Internet über http://dnb.d-
nb.de/ abrufbar.

Impressum:

Copyright © 2011 GRIN Verlag GmbH
Druck und Bindung: Books on Demand GmbH, Norderstedt Germany
ISBN: 978-3-656-36222-7

Dieses Buch bei GRIN:

http://www.grin.com/de/e-book/208696/arbeitsmarktreform-2012-die-neuen-
regelungen-fuer-das-jobcenter

GRIN - Your knowledge has value

Der GRIN Verlag publiziert seit 1998 wissenschaftliche Arbeiten von Studenten, Hochschullehrern und anderen Akademikern als eBook und gedrucktes Buch. Die Verlagswebsite www.grin.com ist die ideale Plattform zur Veröffentlichung von Hausarbeiten, Abschlussarbeiten, wissenschaftlichen Aufsätzen, Dissertationen und Fachbüchern.

Besuchen Sie uns im Internet:

http://www.grin.com/

http://www.facebook.com/grincom

http://www.twitter.com/grin_com

Universität Bremen   SoSe 2011
Fachbereich 8: Sozialwissenschaften   Abgabe: 15.12.2011
Master Sozialpolitik
Seminar: Sozialstaat zwischen Transferleistungen und öffentlichen Dienstleistungen

Mihaela Prorocu

ESSAY

Die Arbeitsmarktreform 2012 – Herausforderung für das Jobcenter?

Politik und Arbeitsverwaltung sehen sich mit einem Dilemma konfrontiert: zum einem sind für das Jahr 2012 und die folgenden Jahre massive Einsparungen in der aktiven Arbeitsmarktpolitik geplant und zum anderen wächst die Unzufriedenheit der Leistungsbezieher in Bereich der Arbeitsförderung (SGB III) und Grundsicherung für Arbeitssuchende (SGB II) (vgl. Heyer et. al., 2011: 5). Um sowohl den Einsparungen als auch den Bedarfen der Arbeitssuchenden gerecht zu werden, ist eine Reform der aktiven Arbeitsmarktpolitik nötig. Ein entsprechendes Gesetz wurde kürzlich von der Bundesregierung bewilligt und tritt ab sofort, bzw. ab dem 1.4.2012 in Kraft. Einige Regelungen traten am Tag nach der Verkündung in Kraft (26.11.2011), die Regelungen die in der Umsetzung etwas mehr Zeit in Anspruch nehmen sollen im April nächsten Jahres folgen.

In diesem Essay möchte ich einen kompakten Überblick über die neuen Regelungen für Arbeitssuchende vornehmen und darüber diskutieren was nun konkret auf die Arbeitsagenturen und Jobcenter vor Ort zukommt. Im Zusammenhang mit der Arbeitsmarktreform wird oft über die Dezentralisierung der Entscheidungskompetenzen gesprochen, doch ist das Ziel überhaupt erreichbar? Aus Kapazitätsgründen sollen hier nur die wichtigsten Änderungen die die Langzeitarbeitslosen betreffen vorgestellt werden, sowohl aus dem SGB II als auch aus dem SGB III, wobei die meisten Langzeitarbeitslosen im SGB II zu verorten sind.

Die Bundesregierung will durch die geplanten Änderungen im Rahmen des SGB II und SGB III die Voraussetzungen für eine effektivere Vermittlung Arbeitsloser in sozialversicherungspflichtige Beschäftigung schaffen. Die Zahl der Instrumente der aktiven Arbeitsförderung soll dafür um knapp ein Viertel reduziert werden. Dabei sollen Instrumente mit ähnlichen Zielen zusammengeführt werde und Instrumente die sich in den letzten Jahren nicht als erfolgsbringend für die Integrationschancen von Arbeitssuchenden erwiesen haben, wegfallen. (vgl. Deutscher Bundestag 2011- Entwurf eines Gesetzes zur Verbesserung der Eingliederungschancen am Arbeitsmarkt, Drucksache 17/6277: 2f.)

Die Effektivität der Instrumente soll gesteigert werden, denn je effektiver diese sind, desto kostengünstiger kann gearbeitet werden und desto schneller und gezielter können Arbeitssuchende in eine sozialversicherungspflichtige Beschäftigung vermittelt werden. Und dies scheint eins der primären Ziele fürs kommende Jahr zu sein: die mit dem Zukunftspaket der Bundesregierung beschlossenen Einsparungen erreichen zu können. Das im Juni 2010 beschlossene Zukunftspaket sieht vor, dass im Bereich der aktiven Arbeitsmarktförderung bis 2015 fast 8 Mrd. Euro eingespart werden sollen: im Jahr 2012 sind es 1,7 Mrd. Euro, ab 2013 dann jeweils knapp 2 Mrd. Euro jährlich (vgl. Deutscher Bundestag 2011- Entwurf eines Gesetzes zur Verbesserung der Eingliederungschancen am Arbeitsmarkt, Drucksache 17/6277: 3).

Die Agenturen für Arbeit und die Jobcenter sollen mehr Entscheidungsfreiheit bekommen und künftig autonomer entscheiden können welche Maßnahmen für wen am besten geeignet sind. Auch der Rechtsrahmen der aktiven Arbeitsmarktpolitik muss flexibler werden, um auf die Herausforderungen des demografischen Wandels, der den Arbeitsmarkt in den kommenden Jahren dramatisch verändern wird (Stichwort alternde Gesellschaft und niedrige Geburtenrate), und des Wandels der Arbeitswelt, der zu einer Veränderung der Arbeitsgesellschaft führen wird, reagieren zu können. Dies sind alles Fakten die sowohl vom Bundestag in ihrem Gesetzesentwurf zur Kenntnis genommen und als Herausforderungen beschrieben wurden, als auch von der Politik in aktuellen

Debatten immer wieder angesprochen werden. Handlungsbedarf besteht also durchaus.

Eine erste Veränderung ist, die Neuordnung der arbeitsmarktpolitischen Instrumente weg von der Dreiteilung „Arbeitnehmer", „Arbeitgeber" und „Träger" hin zu einem neuen System, „das sich an Unterstützungsleistungen in bestimmten Arbeitsmarktzusammenhängen orientiert: „Beratung und Vermittlung", „Aktivierung und berufliche Eingliederung", „Berufswahl und Berufsausbildung", „Berufliche Weiterbildung", „Aufnahme einer Erwerbstätigkeit", „Verbleib in Beschäftigung", „Teilhabe behinderter Menschen am Arbeitsleben'" (Deutscher Bundesrat (2011) - Empfehlungen des Ausschusses für Arbeit und Sozialpolitik, Drucksache 556/1/11: 54).

Im Großen und Ganzen gibt es drei verschiedene Interventionssituationen: Maßnahmen zur Verbesserung der Eingliederungschancen, Maßnahmen zur Beschäftigungsförderung auf den ersten Arbeitsmarkt und Beschäftigung schaffende Maßnahmen (vgl. Heyer et. al. 2011: 6). Die Maßnahmen zur Verbesserung der Eingliederungschancen wiederum teilen sich in drei Gruppen auf: Vermittlungsunterstützende Dienstleistungen durch Dritte (z.B. der Vermittlungsgutschein der von den Arbeitsagenturen ausgestellt wird), kurze Maßnahmen (mit dem Ziel der Eignungsfestellung oder kleinerer Qualifikationen) und Maßnahmen der Fort- und Weiterbildung (mit dem Ziel einer umfangreichen Qualifikation) (vgl Heyer et. al. 2011: 8).

SGB III

§ 45 SGB III Maßnahmen zur Aktivierung und beruflichen Eingliederung

Neu hierbei ist, dass neben die Möglichkeit der Maßnahmenzuweisung auch die Möglichkeit besteht sog. Aktivierungs- und Vermittlungsgutscheine auszustellen. Damit sollen die Jobcenter und Arbeitsagenturen vor Ort selbst bestimmen können welche Maßnahme am besten für den Hilfesuchenden geeignet ist. Langzeitarbeitslose, deren Eingliederung auf dem Arbeitsmarkt durch schwere Vermittlungshemmnisse ausgebremst wird, haben nun die Möglichkeit eine besonders intensive Förderung zu erhalten. Das kann sich in einer erweiterten

Dauer einer Maßnahme, oder einer angepassten inhaltlichen Gestaltung konkretisieren (vgl. Deutscher Bundesrat (2011) - Empfehlungen des Ausschusses für Arbeit und Sozialpolitik, Drucksache 556/1/11: 54).

Die Entscheidung über den Einsatz des Aktivierungs- und Vermittlungsgutscheins soll die Agentur für Arbeit von der Eignung und den persönlichen Verhältnissen der zu fördernden Person *oder* der örtlichen Verfügbarkeit entsprechender Dienstleistungen abhängig machen. Die Vergütung richtet sich nach Art und Umfang der Maßnahme, kann aufwands- oder erfolgsbezogen gestaltet sein und beträgt 2000 Euro. Langzeitarbeitslose die besondere Betreuung benötigen können einen Gutschein in Höhe von bis zu 2500 Euro erhalten. Der Gutschein wird nur dann ausgezahlt, wenn die Dauer des neuen Beschäftigungsverhältnisses nicht von vornherein auf weniger als drei Monate begrenzt ist (vgl. Pohl 2011: 24ff.).

Durch diese Änderungen wird vor allem auf die besondere Bedarfe von Langzeitarbeitslosen eingegangen. Auf den ersten Blick scheint es die Stellung der Langzeitarbeitslosen zu verbessern, jedoch bleibt die Frage ob die Jobcenter oder Arbeitsagenturen vor Ort wirklich auf die Schwächen und Defizite der Geförderten eingehen können und nicht doch nach altbewährten Mustern handeln werden oder müssen. Wenn der Einsatz des Vermittlungsgutscheins abhängig gemacht wird von der örtlichen Verfügbarkeit, kann es schnell sein, dass Langzeitarbeitslose in einigen Regionen benachteiligt werden, da es einfach nicht ausreichend oder nicht qualifizierte externe Dienstleister gibt die eine erfolgreiche Vermittlung anbieten.

§§ 93-94 SGB III Gründungszuschuss

Der Gründungszuschuss wird von einer Pflicht- in eine Ermessensleistung umgewandelt. Den Gründungszuschuss bekommt man also nur noch wenn Experten von der Geschäftsidee und der Eignung des Gründers überzeugt sind. Nachweis zur Tragfähigkeit der Existenzgründung kann u.a. von Handelskammern, Handwerkskammern, Fachverbänden und Kreditinstitute erbracht werden. Die Gesamtförderdauer von 15 Monaten wird erhalten, jedoch erfolgt eine neue Einteilung: die erste Phase wird von 9 auf 6 Monate verkürzt. In dieser Phase wird das Arbeitslosengeld I weiter gezahlt, plus einen Pauschalbetrag von 300 Euro monatlich. Die zweite Phase wird von 6 auf 9 Monate verlängert. In dieser Phase erfolgt nur noch die Pauschalförderung von 300 Euro monatlich (vgl. Pohl 2011: 4f.).

Wenn alle Eignungsvoraussetzungen vorliegen und die Tragfähigkeit des Gründungsvorhabens ausreichend dargestellt wurde, ist es den Arbeitsagenturen nicht möglich einen Antrag abzulehnen. Aber da es vorher quasi gar keine Prüfung der Geschäftsidee gab und jeder der einen Geschäftsplan vorweisen konnte mehr oder weniger auf Anhieb mit dem Gründungszuschuss rechnen konnte, scheint diese Neuerung durchaus positiv zu sein, denn dadurch lassen sich nicht geeignete Kandidaten und wenig erfolgversprechende Geschäftsmodelle noch vor dem Eintritt in die Selbstständigkeit stoppen und somit von Pleiten oder Insolvenzen retten. Es bleibt jedoch fraglich ob die Höhe der Förderung für jemanden mit einer guten Geschäftsidee und Verwirklichungspotenzial dann auch ausreichend ist. Zum einem sollen die lokalen Akteure mehr Entscheidungskompetenzen bekommen, was ja auch hier durchaus der Fall ist, denn Experten vor Ort prüfen die Anträge der Selbstständigkeitskandidaten und die Arbeitsagenturen treffen die Entscheidung, jedoch ist es in der Umsetzung wieder eine Sache des Bundes, denn an der Dauer und Höhe der Förderung lässt sich nicht rütteln.

Diese Änderung ist mit einer Erhöhung des Bürokratieaufwands verbunden und es bleibt unklar ob dadurch die erhofften Einsparungen für 2012 und die kommenden Jahre zu schaffen sind. Für dieses Instrument wurden im Jahr 2010 knapp 1,9 Mrd. Euro ausgegeben. Durch die vorgenommenen Änderungen wird eine Einsparung von ca. 1,3 Mrd. Euro für 2012 angestrebt. Hier wird offensichtlich das höchste Einsparpotenzial gesehen.

Wenn man den Blick alleine auf die Langzeitarbeitslosen richtet ist er fraglich ob der Gründungszuschuss überhaupt von den Langzeitarbeitslosen im SGB III häufig in Anspruch genommen wird.

Wegfall §§ 260-271 SGB III Arbeitsbeschaffungsmaßnahmen

Arbeitsbeschaffungsmaßnahmen sollen nun auch im Rechtskreis SGB III ersatzlos gestrichen werden, mit der Begründung der stark gesunkenen Inanspruchnahme und der geringen Integrationswirkungen in den letzten Jahren (vgl. Pohl 2011: 283f.). Dadurch entfällt die Möglichkeit der öffentlich geförderten Beschäftigung vollständig.

Die Langzeitarbeitslosen im SGB III (meist Ältere und Nichtleistungsbeziehende) werden dadurch im Stich gelassen. Die Jobcenter werden damit zu kämpfen haben die Langzeitarbeitslosen in andere Maßnahmen zu vermitteln.

SGB II

§ 16 d SGB II Arbeitsgelegenheiten

Die Arbeitsgelegenheiten in der sozialversicherungspflichtigen Entgeltvariante (AGHE) werden abgeschafft. Die sozialrechtliche Mehraufwandsvariante (AGH-MAE, sog. Ein-Euro-Jobs) wird wegen des geringen Nutzens für Hartz-IV-Empfänger eingeschränkt, bleibt jedoch in modifizierter Form erhalten (vgl. Deutscher Bundesrat (2011) - Empfehlungen des Ausschusses für Arbeit und Sozialpolitik, Drucksache 556/1/11: 56).

Ziel der Arbeitsgelegenheiten ist die Erhaltung oder Wiederherstellung der Beschäftigungsfähigkeit der Geförderten und stellt eine Übergangslösung zur Eingliederung im normalen Arbeitsmarkt dar (mittelfristige Integrationsstrategie). Innerhalb eines Fünfjahreszeitraums darf die Zuweisungsdauer insgesamt 24 Monate nicht übersteigen, dabei sollen die Arbeitsgelegenheiten gegenüber anderen Maßnahmen der Arbeitsförderung nachrangig gestellt sein und sie müssen weiterhin zusätzlich sein und im öffentlichen Interesse liegen. Ein neues eigenständiges Kriterium wird weiterhin festgelegt und zwar die Wettbewerbsneutralität (vgl. Pohl 2011: 297 ff.).

§ 16 e SGB II Förderung von Arbeitsverhältnissen

Das Instrument der Förderung von Arbeitsverhältnissen ersetzt den bisherigen Beschäftigungszuschuss. Bei der Förderung von Arbeitsverhältnissen handelt es sich um einen Lohnkostenzuschuss von maximal 75%, der an den Arbeitgeber gezahlt wird. „Förderungsfähig sind Personen, die langzeitarbeitslos sind, zwei weitere Vermittlungshemmnisse aufweisen, seit mindestens sechs Monaten Leistungen beziehen und verstärkte Vermittlungsbemühungen durchlaufen haben. Zudem muss prognostiziert sein, dass eine Erwerbstätigkeit auf dem allgemeinen Arbeitsmarkt für die Dauer der Zuweisung nicht möglich ist" (vgl. Deutscher Bundesrat (2011) - Empfehlungen des Ausschusses für Arbeit und Sozialpolitik, Drucksache 556/1/11: 56).

Auch hier sollen die lokalen Arbeitsmarktakteure bei der Auswahl und Ausgestaltung der Arbeitsverhältnisse in Zusammenarbeit mit den Joncentern mit einbezogen werden, jedoch haben die Mitarbeiter der Jobcenter vor Ort nicht viel Spielraum was die Auswahl der Geförderten angeht, denn die Kriterien sind festgeschrieben und davon kann nicht abgewichen werden.

Eine häufige Kritik, sowohl aus den Medien als auch aus den Reihen der Opposition, ist, dass das Gesetz zur Verbesserung der Eingliederungschancen am Arbeitsmarkt seinem Namen nicht gerecht wird. Die Eingliederungschancen am Arbeitsmarkt werden kaum verbessert, Ziel ist es viel mehr die Instrumente so anzupassen, dass sich die enormen Einsparungen bei der aktiven Arbeitsmarktpolitik realisieren lassen. Die formulierten Ziele der Bundesregierung wie mehr Dezentralität, höhere Flexibilität und mehr Transparenz werden zwar ins Visier genommen, jedoch lassen die Neuregelungen den Akteuren vor Ort kaum mehr Spielraum als vorher zu.

Eine positive Entwicklung auf dem Arbeitsmarkt, gesunkene Arbeitslosenzahlen in diesem Jahr und die Erholung der Industrie nach der Wirtschaftskrise sind keine Rechtfertigung für die Reduzierung der Mittel der aktiven Arbeitsmarktförderung. Von diesen positiven Entwicklungen profitieren meist die arbeitsmarktnahen Personen (meist im SGB III Rechtskreis) die nur kurzfristig arbeitslos sind und zum größten Teil auch gut qualifiziert sind. Die arbeitsmarktfernen Gruppen der Älteren, der Migranten oder der Geringqualifizierten, benötigt weiterhin eine intensive Förderung die teilweise durch das neue Gesetz nicht gewährleistet werden kann.

Das Problem der Langzeitarbeitslosigkeit hat sich in den letzten 5 Jahren gemildert. Die Zahl der langzeitarbeitslosen Hartz-IV-Empfänger hat sich fast halbiert und liegt zurzeit bei ca. 900.000 Personen bundesweit (vgl. Jobcenter Bremen 2011). Gründe dafür sind wahrscheinlich die Zunahme von Zeitarbeit und die Expansion des Niedriglohnsektors. Es stellt sich jedoch die Frage ob es in dem gleichen Tempo auch in den nächsten fünf Jahren abgebaut werden kann. Oder sind diese knapp 1 Mio. Menschen der „harte Kern" der nur noch schlecht vermittelt werden kann? Das Gesetz sollte einen zielgruppenspezifischen Rahmen schaffen und nicht allgemeine Verbesserungsvorschläge machen die oft die sehr heterogenen Gruppen von Arbeitslosen nicht erreichen.

In Bremen waren im Jahr 2010 etwa 40 Prozent der Arbeitslosen seit einem Jahr oder länger ohne Beschäftigung (vgl. Jobcenter Bremen 2011). Durch den neuen Gesetzentwurf sollen zwar die Instrumente optimiert und Arbeitslose aktiviert werden, jedoch sieht es im Moment so aus, als blieben die Langzeitarbeitslosen auf der Strecke. Zum Einen weil in Bremen im Jahr 2012 rund 35 Prozent der Mittel für die Arbeitsmarktförderung wegfallen werden (ebd.), zum Anderen weil die Kompetenzen vor Ort eingeschränkt bleiben, trotz der Instrumentenreform.
Wie bereits erwähnt, zielen die meisten Instrumente und Neuregelungen auf den arbeitsmarktnahen Personenkreis und vernachlässigen die besonderen Bedarfe von Langzeitarbeitslosen. Es bedarf einer stärkeren Beachtung von Menschen mit verfestigten Vermittlungshemmnissen um die Langzeitarbeitslosigkeit in Bremen in den Griff zu bekommen. Dies lässt sich anhand dieser Arbeitsmarktreform aber leider nicht abzeichnen, denn die Entscheidungskompetenzen vor Ort bleiben doch sehr eingeschränkt

Quellen:

Deutscher Bundestag (2011)- Gesetzentwurf der Bundesregierung - Entwurf eines Gesetzes zur Verbesserung der Eingliederungschancen am Arbeitsmarkt. Drucksache 17/6277, vom 24.6. 2011. Unter: http://www.bundestag.de/dokumente/textarchiv/2011/35678037_kw38_sp_arbeits markt/index.html (Zugriff: 5.12.11)

Deutscher Bundestag (2011)- Stellungnahme der Sachverständigen zur Anhörung zur Arbeitsmarktpolitik – 31.8.2011, Ausschussdrucksache 17(11)594. Unter: http://www.bundestag.de/bundestag/anhoerungen/ (Zugriff: 5.12.2011)

Deutscher Bundestag (2011)- Beschlussempfehlung und Bericht des Ausschusses für Arbeit und Soziales (11. Ausschuss) vom 21.9.2011. Unter: http://dip.bundestag.de/btd/17/074/1707402.pdf (Zugriff: 14.12.2011)

Jobcenter Bremen (2011) – Arbeitsmarktprogramm 2011. Unter: http://www.jobcenter-bremen.de/site/arbeitsmarktprogramme/ (Zugriff: 14.12.2011)

Heyer, Gerd; Koch, Susanne; Stephan, Gesine; Wolff, Joachim (2011): Evaluation der aktiven Arbeitsmarktpolitik: Ein Sachstandsbericht für die Instrumentenreform 2011. (IAB Discussion Paper, 17/2011), Nürnberg

Pohl, Klaus (2011): Synopse zum Gesetz zur Verbesserung der Eingliederungschancen am Arbeitsmarkt, im Auftrag der Bundesagentur für Arbeit, 23.09.2011

Schütz, Holger; Kupka, Peter; Koch, Susanne; Kaltenborn, Bruno (2011): Eingliederungsvereinbarungen in der Praxis: Reformziele noch nicht erreicht. (IAB-Kurzbericht, 18/2011), Nürnberg